AF607434
AVERSO

EN LA QUIETUD DEL MÁRMOL

Thèrése Wilms

Número 35 de la Colección **AVERSO POESÍA**

En la quietud del mármol

Edición al cuidado de Averso Poesía
www.aversopoesia.com

hola@aversopoesia.com

Primera edición: mayo de 2024
ISBN: 978-84-10027-37-4
Depósito Legal: GR 694-2024

Impreso en España - *Printed in Spain*

El papel utilizado para la impresión de este libro está calificado como papel ecológico y procede de bosques gestionados de manera sostenible.

THÈRÉSE WILMS, APÁTRIDA ENTRE CONSTELACIONES

Teresa Wilms Montt nació el 8 de septiembre de 1893 en Viña del Mar, en el seno de una acaudalada familia ligada a los negocios y al poder gubernamental de la burguesía chilena. Teresa y sus hermanas recibieron una estricta educación en el hogar de la mano de institutrices. El idealismo y la rebeldía estuvieron presentes en ella desde su infancia; considerada indisciplinada por su familia, se enfrentó a severos castigos. En 1910 contrajo matrimonio a los 17 años —pese a la oposición de su familia— con Gustavo Balmaceda Valdés, diez años mayor y que trabajaba en el Servicio de Impuestos del Estado. El matrimonio se asentó en la capital de Chile y allí tendría dos niñas, Elisa y Sylvia. Santiago era una ciudad bohemia, un referente cultural y artístico, de abundantes cafés, ateneos y tertulias. Teresa Wilms se involucra en el ambiente y participa de veladas literarias. Esto ocasiona discusiones maritales debido a los celos de Gustavo ante la belleza y excesiva vivacidad de su mujer. Entre 1912 y 1915, Teresa reside con su familia en Iquique, donde conocerá al escritor Víctor Domingo Silva y a una feminista española a quien presenciará impartir una conferencia sobre el progreso intelectual de las mujeres. En Teresa se fragua una conciencia feminista fruto de las teorías liberales que circulan por la ciudad de Iquique[1].

En paralelo, su vínculo marital se desmorona en el momento en el que Gustavo Balmaceda es conocedor de la relación que ella mantenía con su primo, Vicente Balmaceda. Teresa Wilms sentía gran hastío hacia los deberes conyugales y la vida familiar. Las secuelas y traumas de su niñez, así como una profunda decepción sobre el ideal del amor, la arrastraban a una fuerte contradicción entre el individualismo de su espíritu y la función de madre protectora. Desolada y angustiada, tras haber sido descubierta la relación que mantuvo con Vicente Balmaceda, Gustavo decide llevarla al convento de la Preciosa Sangre, en Santiago, donde la escritora permaneció ocho meses. Teresa apenas recibió visitas durante su estancia en el convento y vivió allí su primer intento de suicidio, según relata en su diario[2]. La intención conductista y de disciplina era propia de la sociedad moderna y burguesa de la época, junto con el engranaje institucional de cárceles y hospitales psiquiátricos. Teresa percibió aquel encierro como una represión a su sentir para amoldarla a los valores de mediocridad social. Escribe incesantemente en aquella celda un diario que lleva por nombre *Del diario de Sylvia.* Agoniza la espera en los muros del convento, anhela la libertad, el campo y a su amado Vicente, lo que la hace caer enferma: «¡Morir, qué lindo sueño, no

1. Biblioteca Nacional de Chile (2022). *Teresa Wilms Montt (1893-1921).* Memoria Chilena.

2. Marrero Miranda, E. E. (2015). *Teresa Wilms Montt: escritura e identidad* (Doctoral dissertation).

me cansaré jamás de desearlo! Acabar con esta lucha, y llevarme mi amor para elevarlo al infinito» (Diarios II). Vicente deja de enviar cartas a Teresa Wilms a escasos tres meses de finalizar su encierro el 3 de abril de 1916. Decide exiliarse a otro país, lejos de sus padres, amante e hijas, de quien no se considera digna de ser madre.

En junio de 1916, Teresa Wilms llega por primera vez a Buenos Aires junto con el escritor Vicente Huidobro, a quien conocía desde hacía años y que llegó a visitarla en alguna ocasión en el convento; también perteneciente a una familia aristocrática, fue uno de los autores pioneros del creacionismo. En la próspera ciudad de Buenos Aires Teresa ansía progresar, asiste a círculos literarios y frecuenta las tertulias de la revista *Nosotros*. En esas reuniones conocerá a Horacio Ramos Mejía, a quien apodará Anuarí. En 1917 publica sus dos primeros libros: *Inquietudes sentimentales* y *Los tres cantos*; teniendo una gran repercusión, se llegan a agotar sus ediciones. La crítica reseñó un estilo modernista con influencia vanguardista en el primero, y un claro sentir del espiritualismo de la vanguardia en el segundo. Por su parte, Gustavo Balmaceda publicó ese mismo año su novela *Desde lo alto,* que respondería a un intento de desprestigiar a su esposa tachándola de loca, enferma o provocadora; la novela es protagonizada por una mujer a la que describe como «poco apta para la vida conyugal» y cuyo principal rasgo de identidad es la insumisión.

Teresa Wilms conocerá en Buenos Aires a su tercer gran amor, Horacio Ramos Mejía, un joven poeta de 19 años, perteneciente a una millonaria familia de la élite argentina, que caerá rendido ante el magnetismo de Teresa; «Apareciste, Anuarí, cuando yo con mis ojos ciegos y las manos tendidas te buscaba» (*Inquietudes sentimentales*, 1917). Esta pasión tiene un trágico desenlace que llevaría a Horacio Ramos, después de ser rechazado por Teresa Wilms para contraer matrimonio, a quitarse la vida en 1917. Destrozada por el fatídico suceso, se embarca en diciembre de 1917 rumbo a Nueva York, para prestar ayuda como enfermera de Cruz Roja; no obstante, sería considerada en un primer momento como espía alemana y tras ser puesta en libertad hubo de desechar su alistamiento. En 1918 viaja a Madrid y publica su tercer y su cuarto libro: *En la quietud del mármol*, prologado por Gómez Carrillo, quien destaca su gran estatus como escritora; y *Anuarí*, prologado este último por Valle-Inclán. Ambos libros son firmados con el nombre de Thérèse Wilms Montt.

En la quietud del mármol (1918) es una elegía escrita en prosa poética y compuesta por 35 fragmentos; es dedicada a su amado Anuarí, que duerme el sueño eterno. La noche y la muerte, el frío mármol y lo onírico configuran una especie de entelequia de nostalgia y desamparo[3]. En sus líneas se aprecian sentimientos de lujuria y desasosiego, la autora cede ante el impulso catártico y desesperado: «Anuarí, eres

3. Romero, M. I. C. (2022). Apátridas de nacimiento, habitantes de una utopía: París, Buenos Aires y las voces de la muerte en la poesía final de Teresa Wilms Montt y Alejandra Pizarnik. *Triangle*, (20), 1-15.

feliz porque regalas a un alma las dos sensaciones de más intensa belleza: el dolor y la muerte». Thérèse decide ese mismo año regresar a Buenos Aires, después de nómadas temporadas en Madrid, y publica allí su quinto libro, *Cuentos para los hombres que son todavía niños*, que firmará como Thèrése de la Cruz. Entre los años 1919 y 1920, viaja por varias ciudades de Europa de forma frenética e itinerante. En París pudo reunirse con sus dos hijas gracias a que su suegro, José Balmaceda, se encontraba de misión diplomática en Bélgica. En diciembre de 1921 consiguió quitarse la vida en París, tras dos intentos fallidos, con apenas veintiocho años, al ingerir una gran dosis de Veronal.

La autora desafió a través de su carácter y rebeldía a una sociedad a la que parecía no pertenecer. Los privilegios burgueses que ostentaba no fueron suficientes para no sentir encorsetada su libertad. Abatida por sus incontables partidas y la búsqueda del «yo» dentro de un mundo destruido, luchó por reivindicar su figura en el panorama literario. En altas horas de madrugada, bajo noches sin luna, escribió de forma incesante íntimos diarios, teniendo un excelente dominio de la prosa poética. En sus sonetos de muerte y tragedia el sujeto es la nostalgia, el recuerdo y la ardua desesperación. En sus últimos años de vida, Teresa Wilms se embarcó en un misticismo despiadado que no encontraba cabida sino en la propia inmensidad del universo.

Cristina Court

EN LA QUIETUD DEL MÁRMOL

THÈRÉSE WILMS

I

Para Anuarí: que duerme en este féretro el sueño eterno.

Para él... Anuarí mío, que nadie puede disputármelo; porque mi amor, mi amor y mi dolor, me dan derecho a poseerlo entero. Cuerpo dormido y alma radiante.

Sí, Anuarí, este libro es para ti. ¿No me lo pediste tú una tarde, tus manos en las mías, en tus ojos mis ojos, tu boca en mi boca, en intima comunión? y yo, toda alma, te dije: Sí, —besándote hondo en medio del corazón.

¿Te acuerdas, Anuarí?

II

¡Oh! ya no puedo escribir tu nombre sin que un velo de lágrimas oculte mis ojos, y un apretado nudo estrangule mi garganta.

¿Por qué te fuiste, amor? ¿Por qué?, me lo pregunto mil, dos mil veces al día. Y no acierto a hallar respuesta alguna que alivie el feroz dolor de mi alma.

Sí; ¿por qué te fuiste, Anuarí, y no me llevaste contigo?

Mirando tu retrato, con la pasión de una madre, de una novia, de una amante loca de amor, trato de arrancar de tu mirada el gran enigma que ha destrozado tu vida y la mía.

¡Ah, mi criatura! Cuando la suerte impía me arrebató a esas dos hijas de mi sangre, creí que el dolor mío había roto los límites humanos. Pero no; tú has hecho que mi grito desesperado llegue hasta el mismo trono del Dios de los cristianos y lo apostrofé temblando de santa y fiera indignación.

No se puede ser tan cruel con una débil criatura, sin darle fuerzas suficientes para soportar los latigazos, y abandonarla después en la agonía. Sí; tu partida silenciosa me ha dejado agonizando al borde de la infinita nada; y sola, con sed de cariño, con ansia de dormir y descansar, rendida al fin...

III

En una de tus cartas me escribiste, una vez:
«*Per l´amor che rimane*
e a la vita resiste (y el nuestro resistirá,
¿verdad, Teresa?)
Nulla é piú dolce e triste
che le cose lontane».
Sí, Anuarí, «*nulla é piú dolce e triste che le cose lontane*». Y por eso te fuiste.

Esa carta la he releído otra vez, y siempre me deja una impresión desesperada, que sólo puedo traducir en sollozos.

Tus cartas, tus retratos, y las flores que han muerto sobre tu ataúd, son reliquias que guardo con avaricia enferma: ellas forman todo mi ideal, toda mi vida, y no digo mi consuelo porque este ya no existe para mí.

Guardo también dos tornillos, que con dura e impiadosa mano pusieron en tu féretro los enterradores, tornillos que irán clavados en mi cerebro el día de mi muerte; en mi cerebro, donde llevo cincelada tu imagen profunda e inamovible, cual las grietas que han socavado los siglos en las heladas rocas.

¡Anuarí, Anuarí! Si fuera posible resucitarte, daría yo hasta mi conciencia; me resignaría a vivir postrada a tus pies, como una esclava, con la sola satisfacción de mirarte, de sentirte reír, con esa risa de cascada de plata; sin aspirar a otra recompensa que el sentir, por una vez solamente, el beso de tu boca en mi frente.

¡Anuarí, resucita! Vuelve a la tibia cuna de mis brazos, donde te cantaré, hasta convertirme en una sola nota que encierre tu nombre.

IV

Reposa tranquilo, Anuarí. Seré siempre tuya. He hecho de mi cuerpo un templo, donde venero tus besos y tus caricias, con la más honda adoración. Llevo clavada, como un puñal, tu sonrisa en el punto donde se posan mis ojos; esa sonrisa con los dientes apretados, que hacían de tu boca un capullo sangriento, repleto de blancas, relucientes semillas.

Anuarí. Tu sonrisa es una obsesión destructora que mata todas mis risas, tu sonrisa provoca en mi mente la inquietud del relámpago en medio de la noche. Es veneno de nácar que se destila en mi corazón hasta paralizarlo.

V

Anuarí; te evoco dormido y te imagino dormido eterno.

Una sombra se esparce blandamente sobre mi alma, la divina sombra de tus pestañas, que formaban dos alas de aterciopelada mariposa sobre tus ojeras.

Sí, Anuarí. Una noche, la más feliz de mi vida, se durmió tu cabeza en mi hombro, y era tan íntima mi dulzura, que mi respiración se hizo una música para mecerte.

Te dormiste, criatura mía, después de haberme estrujado el cerebro y el corazón con tus labios ávidos de juventud, como una abeja lujuriosa de néctar y perfume.

Y esas sombras de tus pestañas, son las cortinas que me ocultan la luz del sol, y me llevan en vértigo confuso hacia tu grave país.

Una noche, la más feliz, la única de mi vida, se durmió tu cabeza en mi pecho, y allí encontró la delicia del sueño, y buscó la almohada eterna.

VI

Traigo del fondo del silencio tu mirada; evoco tus ojos... y me estremezco. Aun apagados por la muerte, me producen el efecto del rayo. No ha perecido en ellos el poder fascinador.

Son dos faros azules, que me muestran las irradiaciones magnificas del Infinito; son dos estrellas de primera magnitud, que miran hondo sobre mis penas, perforándolas y agrandando la huella, hasta abrir una brecha infinita como un mundo.

Tus ojos adorados, que fueron reflejos de esa bellísima alma tuya, viven ahora en mi mente nutridos de mi propia vida, adquiriendo brillo en la fuente inagotable de mis lágrimas.

Anuarí. Así como tus ojos me encadenaron a tu vida, ahora me arrastran a tu fosa, invitándome con tentaciones de delirio. Tus ojos son dos imanes ante un abismo. Yo siento la atracción feroz...

VII

En la oscuridad de mi pensamiento veo surgir tu imagen envuelta en el misterio de la muerte, con la pavorosa aureola de un más allá desconocido. Te llamo, toda el alma reconcentrada en ti; te llamo y me parece que se rasgan las sombras a tu paso alado, como el de ave herida en pleno vuelo.

Cuando comprendo que no te veré jamás, una onda de angustia me sube del corazón, envolviendo mi cerebro en un vértigo de catástrofe, en un ansia de masacrar la belleza de la vida.

Eres tan fuerte y hermoso, con tu cara serena y tu frente mirando al cielo.

Anuarí. La pena no enloquece, la pena no mata; va ahondando en el alma como un cuerpo de plomo en una tembladera infinita. Asombrada escucho en las noches el eco de mi voz, que te busca aguardando una respuesta. La negra verdad me hiere con saña. ¿Acaso tu espíritu ha muerto también? ¡No; no! ¿Cómo es posible que tanto vigor, energía de astro, vaya a perecer en el hielo eterno?

VIII

Desde que te fuiste, mis ojos y mis oídos están acechando tu imagen... tus pasos; están tendidos hacia la muerte en fervorosa espera de resurrección.

Y en los días grises, cuando sopla viento helado, te veo con los ojos del alma surgir blanco de tu blanco sudario, transfigurado por la serena, santa caricia de la tierra.

Y cuando el sol derrocha diamantes sobre el mundo, entonces te aspiro en todas las flores, te veo en todos los árboles, y te poseo rodando, ebria de amor, en los céspedes de hierbas olorosas.

Y cuando la luna da su humilde bendición a los hombres, te veo gigantesco, destacarte en un afilado rayo; te veo enorme, confundido con lo inmortal, desparramando sobre el mundo tu indulgencia, aliviando la desesperación de tanto náufrago dolorido; te aspiro en el ambiente, te imagino en el misterio, te extraigo de la nada.

Me parece que el mundo solo fue hecho para ayudarme a evocarte, y el sol, para que me sirviera de linterna en la escabrosa ruta.

IX

Con la cabeza reclinada entre los brazos, en un afán de dormir, repito, como los niños, una oración: tu nombre.

Sí, Anuarí, tengo sueño, mucho sueño; ese mismo letárgico sopor que turbó tu alma antes de cerrar los adorados ojos para siempre.

Como una oración, desgranan silaba por silaba mis labios tu nombre, y mis manos se tienden desmayadas, buscando el tibio nido de tus cabellos, para esconderse y morir.

¡Anuarí, Anuarí!
Como de una fuente que hierve brotan de mi pecho las quejas y las súplicas. Todas van a perderse en el caos, sin llegar tal vez a ti.

Es horrible, y no comprendo cómo mi cuerpo no sucumbe al peso de tan ruda carga.

La vida sin ti es una tétrica cosa, que arrastro como un harapo innoble.

X

Las horas caen como goteras de plomo en un páramo; se van a tu encuentro, y yo me quedo; me quedo sombría, taciturna, envuelta en el negro hastío, como en una malla de hierro.

Dos meses hoy, criatura mía, que bajaste a una caverna de piedra, llevándote en el corazón paralizado hasta mi deseo de llorar.

¡Ya dos meses! Sin morir vi como entraban tu ataúd por la puerta del cementerio; por esa puerta con fauces de chacal, que no se abre jamás para las almas que la atraviesan dormidas.

En estos dos meses no has tenido otra caricia que aquellas tan leves y tímidas de mis flores, mis pobres flores, que son la única prueba de amor, la ofrenda santa que temblorosa de pena, mi alma deposita sobre tu cadáver.

Dos meses. Mis manos pordioseras de caricias tratan de arrancar de tu ataúd una ternura; pero la madera, avara del tesoro que encierra, se hace rígida, como un ser que no ha sufrido.

¡Nada, Anuarí mío! Solo llegan al fondo de tu fosa, muy apagadamente, como de una jauría lejana, los ruidos del mundo, el confuso vaivén de los hombres, de esas sombras movibles, que no saben de dónde vienen y para dónde van, porque tienen miedo de averiguarlo.

Dos meses hoy que te fuiste. El reloj palpita; su tic-tac pisotea mi cerebro, destruyendo mis pensamientos, con sus pasos lúgubres hacia la mentirosa Eternidad.

Dos meses, y ya no sufro de tanto sufrir.

XI

Se mueven las cortinas y tiembla la luz. Con toda intensidad pregunto a la noche si eres tú el que anima esas cosas.

Anuarí.
De espaldas sobre mi cama, solo oigo el furioso golpear de mi corazón dentro del pecho.

Todo lo que me rodea está empapado de misterio. Los muebles hablan entre sí de trágicos secretos; las puertas se quejan de sus umbrales siempre enigmáticos, a la espera de alguien que nunca llega; y en la lámpara me parece adivinar una muda desesperación.

Los retratos me miran con una desgarradora expresión de pena, ¡Anuarí, Anuarí! Ya sé que mi grito se pierde sin eco en el impiadoso abismo de la nada, pero para no sucumbir no puedo dejar de llamarte, aferrada a una ilusión que no existe.

XII

Como de costumbre, hoy fui a verte; era tu día, el día de todos los dormidos eternos. Cubrí tu ataúd de rojos claveles, e imaginé que su fragancia atravesaría las maderas e iría a darte un escalofrío de dulzura.

Con la cabeza apoyada en el féretro pensé profundamente en ti.

Una olímpica serenidad revistió de alba túnica mi alma, apagando toda su amargura. No hubo desesperación en mi dolor.

Comprendí, amor mío, que para mí la gran puerta al infinito estaba abierta de par en par, abierta por tus manos sublimizadas.

Vi, también, que poseía alas capaces para emprender el regio vuelo del encuentro, y entonces me sentí consolada.

Oculta en tu féretro está la llave de la gran puerta: tú la guardas en tu diestra. Cuando me agobie la lucha miserable iré a buscarla. Abriré tu mano con el beso de una madre que despierta a su hijo, y, enlazándola a la mía, marcharemos juntos hacia el sol, en busca de su bendición nupcial. Iremos, inmortales hijos de la luz, en pos de la irradiación de los astros para coronar nuestras cabezas transparentes. Marcharemos extáticos, serenos, gloriosos, como una sola llama azul del alma del Creador al son de acordes magistrales, que entonará nuestra reina naturaleza.

Nos deslizaremos por los límpidos espacios, sublimes de bondad, cantando un *resurrexit* eterno.

***

Al contacto de tu ataúd mi frente palidece y miran mis ojos en busca de la gran puerta.

XIII

Por la noche, penetro en mi alcoba como en un templo, tan fervorosamente, que mis rodillas se doblan. Porque allí está tu retrato, mirándome con esa bondad ilimitada del perdón.

Beso el cristal helado, en el sitio que transparente tu boca, y me regocijo en iluminar tus ojos con el reflejo de los míos brillantes de emoción.

Junto mis manos sobre tu frente, y en trágica conmoción del alma, imploro tu compañía, el calor de tu protección cerca de mi lecho; y en fervoroso anhelo ruego al misterio para que tienda sobre mí el sudario del silencio.

Hablo con tu retrato, criatura mía, derramando sobre él cosas pueriles y profundas, como si fueran flores; lloro, río y, sintiéndote en mis brazos, te canto como si hubieras nacido de mí.

Y naces de mí; y para mí y en mí vives, porque para todos los demás estás muerto.

Te extraje de la sangre más noble de mi corazón y te uní a mi destino para siempre.

XIV

Hallo cierto alivio en la monótona repetición de mis pesares, como lo halla el loco en sus palabras incoherentes, en sus exaltaciones plásticas.
Te amo, Anuarí....

La tibieza de tu cuerpo ha quedado como un veneno insomne en mis miembros. Todos ellos se retuercen en convulsiones espasmódicas de delirio; claman por la caricia aguda de tu cuerpo, de tu carne joven, perfumada de primavera.

Mi boca está sedienta de lujuria. Sí, Anuarí. En contorsiones de poseída, se escapan de mí los aullidos desgarradores de mi carne y de mi corazón heridos; en los espasmos de placer y de pena, surge, entre los suspiros, tu nombre.

¡Ah! He quedado ávida de ti; ansiosa de besos tuyos. Y ante la atracción de tu espíritu radiante, quedé ciega como si mirase al sol.

Mis labios, ávidos, aguardan, entreabiertos, el néctar de tu amor. Y el tiempo pasa, y su bálsamo de nieve no cicatriza mis llagas de fuego.

***

El día lucía todas las deslumbradoras galas de la primavera... Un olímpico rayo de luz vestía las flores con túnicas de diamante.

Ante tan irónico esplendor mi corazón sintió con más fuerza tu soledad augusta, y despreciando la fastuosidad, fue a ofrecerse a ti, para que te protegieran los suaves velos de su melancolía.

Llegué a tu nicho, a tu estrecha caverna miserable, y tuve el deseo de volverme terciopelo para arroparte, envolverte en mí, para darte una impresión de amor; para que no te dieras cuenta, criatura mía, que todos te tomaban como a un objeto inservible.

No concibo el calor que anima mi vida, estando tú rígido y solo en el cementerio. Son explosiones del mal todas las felicidades que brotan fuera de esa órbita dolorosa.

Anuarí mío; todo mi cuerpo se insensibiliza al solo recuerdo de tu ausencia eterna.

XV

Estoy enferma. Mi mano, ardiente, resbala en triste desmayo sobre los libros donde me refugio, para aturdirme y olvidar.

No trato de abrirlos, es inútil: los adivino. ¿Qué pueden decirme que sustraiga mi pensamiento de tu recuerdo? Solo lograrían dejar una negra mancha de tinta en mis pupilas luminosas de tu imagen. Mi dolor se hace agónico; mi tristeza se despedaza como las túnicas de los mártires desgarradas por las fieras del circo.

Me pesan las sienes como si las oprimieran los dedos de un coloso, y como lozas funerarias caen mis párpados. ¡Anuarí, Anuarí!

Las penas hacen pesada mi sangre, como si circulara por mis venas lava fría.

Estoy enferma. A mi alrededor canta la vida, impiadosa, cruel, en su inconciencia de diosa eternamente joven y alegre.

Ese desordenado bullicio me hace pensar en la profanación de cadáveres por un saltimbanqui ebrio.

La vibración del dolor ha destruido la orquestación divina, que, en lírica unión con todas mis cuerdas intimas, amenizaba las fiestas de mi alma.

Estoy tan triste, como una paloma a quien sorprende la tormenta, sola y fuera del nido.

XVI

Anuarí...
Te llevé hoy un ramo de inmaculadas peonías. Al depositarlas sobre tu ataúd, me pareció que el cielo había llovido estrellas sobre él, y entonces se apoderó de mí un delirio de belleza.

Quise unir mis labios a los blancos pétalos, y el cielo de mi alma llovió besos, infinitos besos de amor sobre tu cuerpo insoñado. La dulzura de la tumba penetra en mi cerebro, como un baño de rosas, refrescándolo de sus ansias pasionales.

Purificada está mi carne por el alba castidad de las cenizas de todos los antepasados que a tu lado reposan. Anuarí; criatura mía.

Si mi tristeza fuese siempre tan suave como para traducirla en besos y flores, bendeciría al dolor con el fervor de una iluminada; lo buscarla como al más nutritivo alimento espiritual.

Anuarí: el dolor de haberte perdido es el único lazo humano que nos une para siempre.

Yo te amo, y lo digo en las flores que esparzo sobre ti, y en mis llantos, que son vigorosos como los reflujos del mar.

De la vida a tu tumba, de tu tumba a la vida, ese es mi destino.

XVII

Anuarí, mío.
Toda la felicidad de mis días estaba en tu ataúd, donde yo iba a recostar mi cabeza y desparramar mis flores.

En mi inmensa soledad, era esa una dulce ocupación.

Criatura, te sentía, y en mi locura de cariño, creí que nadie más que yo tenía derecho a tu cadáver.

Fue como un golpe de hierro en la cabeza, cuando al penetrar en la fosa vi que no estabas en el lecho familiar.

Y cuando, buscándote como una leona busca su guarida, te encontré en un estrecho nicho, fue mi dolor tan horrible, como si te hubieras muerto por segunda vez.

¡Qué frío tuve! ¡Y cómo sentí en mi cuerpo el martirio de tus miembros estrechados, en esa angosta cárcel de piedra!

Allí no podré llevarte mis flores; no podré comunicarte la sensación de primavera, refrescando tu cofre con pétalos, besos y lágrimas.

XVIII

Anuarí; dulce criatura mía, que soplas la negra vela de mi vivir hacia el paraíso de los sueños.

Grave criatura del gesto eterno, que me señalas, en augusto ademán, la ruta luminosa del infinito.

El que hayan quitado tu féretro del alcance de mis labios, me produce la misma terrible desesperación que maltrata el corazón de una madre, a quien le arrancan la cuna donde murió su hijo.

Anuarí, mío.
Volví del cementerio ahogada en sollozos; mis lágrimas corrían empapándome el pecho, como cuentas de un collar sin fin.

Aquí sobre mi cama, donde escribo, están acompañándome seis de tus retratos; a cada uno de ellos les hablo, como si pudieran oírme.

Un humilde Cristo de acero me acompaña, y yo pongo como testigo de mi pena a ese sublime hombre. El murió por redimir al mundo, y yo estoy agonizando por un amor inalcanzable.

Somos hermanos, estamos unidos en las únicas nobles causas de la vida; ahora nos estrechamos, en íntimo abrazo, haciéndonos solidarios de la única verdad: la muerte. Cristo y yo nos confundimos en lo imposible.

Siento en mis manos todo el peso de mi cabeza, como si la vida de todos los seres humanos se hubiera reconcentrado en ella. Parece un mundo sostenido por dos bloques de mármol; parece un astro en interna catástrofe.

Ya no llevarán mis manos pétalos sobre tu cuerpo, y las lágrimas, que eran rocío, inundarán como cataratas turbulentas, destruyendo las tristes, pero nobles ruinas que eran los castillos de mi alma.

XIX

Desperté sobresaltada. El reloj dio las dos, y esas dos campanadas severas, cayeron en mi cerebro como el anuncio del juicio final.

Me levanté del lecho como se levanta un muerto de la tumba, empujada por una fuerza superior. Turbada de misterio, sin saber qué era de mí y dónde estaba; quise huir, y en mi ansiedad loca tropecé en la oscuridad con un cuerpo que al caer dio un golpe seco.

Con las manos tendidas como los tentáculos de una larva, buscaba, en medio de las sombras, algo que me indicara un rumbo; y mis ojos, desmesuradamente abiertos, querían agujerear la noche.

Mis pies no se movían, fijos estaban en el suelo, como dos pilares de bronce; una lluvia helada empapaba mi frente, goteando sobre mis senos líquido mortal.

Despavorida, temblorosa, no encontrando salida al laberinto de mi alma, quise sucumbir. En ese momento hirió mi recuerdo una belleza de mi infancia, y, como entonces, caí de rodillas. Floreció en mis labios una plegaria; una honda plegaria a mi dios Anuarí.

Con los párpados cerrados, los brazos en alto, en mística unción, mi alma imploró al cielo para que le diera el ansiado reposo.

Pasaron muchas horas, tantas que los vivos tonos de la aurora envolvían de rosa a mi balcón. Esa luz de la vida me hizo considerar la realidad de los acontecimientos, y entonces solo me di cuenta que había pasado la noche toda en delirante éxtasis ante tu retrato.

Con una sonrisa, de esas que por lo plácidas parecen inspiradas en las estrellas, me volví a mi lecho, llevando entre mis brazos la adorada reliquia.

Dormí, y me sentí dichosa. Soñé que estaba muerta y que era como tú, una sombra ideal y buena.

Anuarí, eres feliz porque regalas a un alma las dos sensaciones de más intensa belleza: el dolor y la muerte.

Anuarí, Anuarí. Si poseyera yo una guadaña como aquella que tiene la muerte, me serviría de ella para decapitar todas las flores del mundo, y depositarlas como un humilde homenaje sobre la losa que te esconde.

XX

Con paso sonámbulo llego todas las noches a mi escritorio.

Allí también está tu retrato, esparciendo sobre todas las cosas un tenue reflejo de amor.

Cuántas veces he estrujado sobre estas páginas hasta la esencia de mi espíritu, y después, en el lánguido agotamiento, he esperado, la cabeza entre las manos, el llamado alontanado de tu voz, de tu voz adorada, viniendo de un más allá brumoso, vedado para las almas que habitan todavía cuerpos mortales...

Anuarí; vivo soñando en ti, vibrando solo con las tremendas caricias que vienes a prodigarme mientras duermo; deleites que agotan las células de mi cerebro.

Guardo al despertar el peso de tu cuerpo, que reposó sobre mi corazón; y en mis labios el fresco roce de tu boca cálida.

Mi oído atesora, como un rumor de música, la penetrante cadencia de tu voz.

Anuarí; ¿recuerdas aquellas noches de invierno largas sin estufa, cuando para engañar al frío tú me tenías fuertemente las manos, y me contabas cuentos fantásticos de almas en pena y llegábamos hasta a tener miedo del viento que estremecía las ventanas?

¡Qué felices éramos entonces, y cómo nos parecía la vida una entretención fácil y pura, como los juegos de los niños!

Y ahora que te fuiste, ¡qué gesto trágico y torvo ha tomado la mía!

Cómo he ahondado en esas tristes cosas, ¡que sólo pertenecen a los que están ya muy viejos!

Soy una niña vieja, Anuarí; mis veinticuatro años me llevan a la rastra, como aplastada por un fardo de troncos. Solo puedo, de vez en cuando, levantar mis ojos al cielo para asegurarme de que allí en el infinito hay dos manos, las tuyas, que se me tienden abiertas como dos alas.

XXI

¡Anuarí, Anuaí! Mi boca ya no puede llamarte, sin que un desolado sollozo corte mi voz.

Anuarí, mis suspiros son como esos vientos que precipitan el encuentro de las nubes; son esas olas que van hinchándose a medida que se acercan a la playa, para reventar violentas, envolviendo de espuma a las altivas rocas.

Anuarí. Una tempestad desencadenada ruge dentro de mi ser.

Me revelo de la vida; insulto al miserable destino, que me ha arrancado todos mis amores en capullo, cuando no había saboreado todavía su fragancia, ni me había embriagado su narcótico sublime.

Mis ojos, desmesuradamente abiertos, miran un horizonte negro. He quedado espantada en el umbral de la vida, con una gran pregunta sofocada en mis labios por el horror de la catástrofe.

XXII

Anuarí. Los hombres me juzgarían loca, si me vieran vagar por los cementerios, como un solitario chacal que por caprichos infames del destino recibió un alma de terciopelo.

Anuarí. Busco en los cráneos vacíos lo que he de llegar a ser, y por momentos tengo un vértigo de precipitar los acontecimientos y deseo que mi pensamiento duerma en el osario del olvido. Anuarí; quiero fundirme en tu materia fermentada por la vida vegetal y animal de la naturaleza, convertirme como tú en masa universal, que es prodigiosa arcilla en la que se modelan los futuros genios.

Anuarí. Para llegar a ti sufriría la transformación en hierba, pájaro, animal, mar, nube, éter y, por último, pensamiento. Para llegar a ti me uniría a la secreta fuerza que inflama los vientos, y atravesaría el infinito como un meteoro, aunque solo fuera para rozarte, como esos astros rozan la superficie del cielo.

Anuarí, Anuarí; dulzura que extasías mi cerebro, en lejanos ideales. Como la luz, he llegado a penetrar la naturaleza, a adivinar sus más pequeños gestos en este tiempo de inmensa soledad y dolor.

¡Y cómo perdono a los hombres todas sus caídas y debilidades!

XIII

Como las almas que habitan los claustros enveladas en albos o negros tules, así la mía cambia de ropaje en sus confidencias con la vida y en sus secretas tramas con la muerte.

Anuarí. Prefiero siempre el eterno caos de la verdad a la ilusión rosa de la vida. Uno me lleva a ti, el otro me aparta con sus infernales seducciones, para enfangarme en seguida en despreciables placeres.

Desde hace tres meses vivo recluida en tu recuerdo; y mi alma se ha hecho tan liviana, que puede sostenerse en el aire como lo azul. Anuarí; los hombres me arrancan de tu lado con sus promesas de dulzuras y bellezas, me tientan como Lucifer al Cristo de la Montaña. Muchas veces los he seguido para olvidar un poco la horrenda pena de tu partida; pero más valiera haber muerto a tus pies mutilada de dolor; más valiera haber visto con mis propios ojos la pudrición de mi carne, sanamente comida por los perforadores sombríos. Anuarí; ¿es que la infamia del mundo no tiene límites? ¿Es el dolor tan insoportable que a los buenos los hace malos y a los malos perversos? El dolor santifica a las almas sublimes y arrastra a las inferiores... no hay duda. Anuarí.

XXIV

Vagando por bosques solitarios, junto a las lagunas estancadas, he pensado en toda la tristeza de esas almas, que nacen de un rayo de sol o de luna, y al mirar a su alrededor se encuentran huérfanas.

Comprendo el vicio del amor, que en un espasmo de placer nos hace creer en la nobleza; comprendo que en el beso y en la entrega de los cuerpos se busque el veneno del olvido; porque ello hace del hombre un dios y de la mujer vaso sagrado, urna depositaría de la savia, que es vida de la creación.

Anuarí; comprendo que ya muerto el dios amado, las entrañas de la amada, sin recibir la dulzura de esas perlas diluidas, se quiebren de dolor, y permanezcan tristes y solitarias, como ánforas antiguas que lloran el descuido de su dueño.

XXV

Hoy fueron jazmines que llevé para ti.

Albas flores de penetrante fragancia, que cual blancas mariposas se quedaron dormidas sobre la piedra.

Llovía. El agua cantaba tímidamente sobre las baldosas y lápidas del cementerio, escurriéndose por los huecos de las tumbas, ansiosa de refrescar la boca de los muertos.

Nubes negras, cargadas de poder divino estallaban ruidosas en la soledad del cielo.

Mi cabeza, inconsciente de la vida, recibía gustosa la caricia de la lluvia, y como un pájaro, que gustoso del baño, se quedó inmóvil bajo el chorrear cariñoso de las tibias gotas. Tú estabas allí, a la altura de mi frente. Mis manos posadas sobre tu ataúd, tenían una quietud extática, como manos de los ídolos indios que guardan un delicioso secreto de tranquilidad pensando en el Nirvana.

Tú estabas allí, guarecido de la lluvia en tu casita de mármol; y dormido, dormido como un niño que ha jugado mucho y se ha fatigado. Anuarí mío. Tu morada es muy estrecha. ¿No harás tú un sitio pequeño donde pueda, también, refugiarse tu hermanita?

Pero los dormidos son muy egoístas, no se acuerdan de los pobres mendicantes que quedan bajo las ventanas, sin más abrigo que la pena.

Cuando oscureció y sentí la campana que anuncia el cierre de las puertas del cementerio, me despedí de ti, como esa noche de agosto ¿te acuerdas? en que veinte veces nos besamos, diciéndonos adiós; y veinte veces volvimos a estrecharnos sin podernos separar.

¡Oh, Anuarí! ¿Cómo es que mi corazón no estalla en una tormenta análoga a la del cielo, cuando está tan ensombrecido por el dolor?

XXVI

El hielo que se filtra despóticamente por las rasgaduras de mis ventanas, me hace tiritar.

¡Cuán hondamente pienso en ti, en tus besos suaves; y ansió la tibieza de tu cuerpo estrechamente ceñido al mío, como una cinta de piel!

Tú eras mi cariño; el rayito tenue y dorado que venía para alegrar la caverna sombría donde habita, como una bestia salvaje, mi escepticismo.

¡Cómo me sentía tuya!
¡Si tú hubieras sabido a través de qué densos velos atravesaba mi alma, para envolverte en una caricia luminosa, para contemplarte, ungida de pureza! Anuarí. La cama, la almohada, y hasta el espejo parece que guardaran tu silueta.

Donde quiera que yo mire estás tú, y respiro, y es tu olor el que me penetra; hablo, y el eco de mis palabras parece como remedo de tu voz,

Tus besos, al sembrarlos en mis labios, hicieron de mi boca un campo de trigo, y ahora, en tu ausencia eterna, esos granos, se han vuelto flores de adoración; y tus caricias dejaron en mi cuerpo cinceladas geniales llenas de sombras y palideces de nácar que no pueden animar la vida.

Anuarí, estoy toda en ti; como tú todo en mí.

XXVII

Frente a mis ojos, tu retrato, inclina la frente cargada de inspiración. Y yo lo miro, con el corazón rebosante de honda ternura.

Avecita mía: ¿por qué te fuiste?
Si yo sabía amarte como no encontrarás quien te amé en el paraíso.

Si yo me embriaga de tu esencia, como no podría un ave embriagarse de las flores.

¿Para qué me diste a beber en tus labios el licor de vida, si habías de abandonarme todavía sedienta?

Como una lámpara sin aceite me consumo, sintiendo todas las agonías de la pena. Las ajorcas que adornan mis brazos suenan como el badajo de una campana muerta, y se derrumba estrepitosamente la torre de marfil de mis ensueños por donde yo veía al cielo: por donde yo te veía.

Mis ojos, mi boca, mis brazos que se retuercen como leños acariciados por el fuego, están preñados de ternuras. Pero tú no vendrás; y como un árbol que se cansó de esperar la caricia de la luna, inclinaré mi frente dolorida.

XXVIII

Sola, entre mis papeles y mis libros, me visita, todo vestido de blanco, tu recuerdo amado.

Tus manos, que al acariciar las mías fueron tan buenas, de lejos y con el gesto eterno, me causan daño.

Su aristocrática belleza me hace odiar todas las otras que se me tienden.

Solo quiero las tuyas blancas, las tuyas que eran lirios enfermos de tristeza.

Y quiero tus ojos que persistían, fraternales, en medio del huracán apasionado de nuestras caricias...

Y tu boca, que siempre tenía esa mueca de niño sabio que presentía todo, sin haber experimentado nada...

Y tu cuerpo plegable estrechado al mío en afán de muerte, y de vida...

Y tu alma, cántaro sagrado que apagaba el incendio de mis inquietudes y de mis idealismos, adormeciéndome en éxtasis de sublime sopor...

Sí; tus manos, tus ojos, tu boca, tu cuerpo y tu alma; sí, todo mío, te llamo, te quiero, te quiero… Te has ido avecilla mía. Te has ido, pero tus dulces congojas quedaron acariciando mi oído.

Si hubiera sido posible morir de languidez feliz, yo habría muerto anoche, cuando en sueños viniste a poner tus mejillas junto a las mías.

Eras suave, Anuarí. Suave como una ala de cisne sobre el agua. Eres triste como el quejido que se pierde en la montaña; eres bueno, como la luz. Te has ido, Anuarí. Pero tu rostro pálido, de una ingenuidad infantil, quedó grabado en mi retina, acariciando mi interior.

El secreto trágico del silencio, te guarda como un murallón de roca; pero yo llegaré a ti. Mi pena me transformará en un fantasma tan sutil que atravesaré la piedra. Anuarí, te espero.

XXIX

He apagado todas las luces, solo he dejado en medio de la estancia, la lamparita veladora, como aquella que guarda en el templo al altísimo, y que esparce mística dulzura.

La campana de la torre ha dado las doce, y todavía no percibo el ruido que hace tu espíritu, cuando llega a visitarme; no oigo todavía, el rumor de tu voz junto a mi oído, ni siento el roce de tu mano en mi mentón sumiso.

Tiemblo, temerosa de que no vengas, y de que todas mis ansias vayan a morir en desesperaciones dolorosas sobre mi almohada. Tiemblo, Anuarí, amor mío, dulzura mía....

Cuando te evoco hay tal pureza en mi sentir, que soy como un blanco lirio; y mi alma se vuelve una paloma que no ha ensayado aún el primer vuelo.

¿No vendrás?
Dejo caer mi cabeza sobre esa mano mía que tanto has besado y me parece más honda la tristeza del mundo, y la vida más difícil de llevar.

¡Anuarí! no vendrás, no vendrás; me lo dice mi pesimismo, me lo dice esa voz que me auguró tu partida y la partida de todo lo que más he amado.

No vendrás; y ya no espero el frescor de tus manos intangibles en mi frente, y me estremezco de inquietud. ¿Serán inútiles mis ruegos, inútiles los delirios de mi amor?

¡Sálvame, sálvame de la vida, del terror de mi misma, de la miseria espiritual!

Sálvame, arráncame de la tierra antes que una sombra mala me envuelva, arrastrándome al caos infernal del olvido y de la resignación.

XXX

Anuarí. Miro en el espejo mis labios y blasfemo.

¿Por qué rara ironía están ellos tan rojos? ¿Por qué, si tú, que eras su encendedor, te has ido? Ellos deben palidecer de dolor, como mi corazón, como mis manos, que se han vuelto flores místicas de tanto implorar la muerte. ¿A quién puedo yo ofrecer mis labios sangrientos, sin dejarle, como veneno de sierpe, el mortal narcótico de mi tristeza?

Tú ya no vendrás a pedirme besos.
Miro mis ojos brillantes, como hijos del sol, y los cierro asustada. No quiero su belleza... si tú no has de venir a mirarte en ellos.

Tú, que eras su luz te has extinguido como un fuego fatuo en las ondas del mar. Anuarí, ídolo mío.

Contemplo mi juventud como una rosa abierta, y desprecio la morbidez que se brinda pagana, provocadora, impúdica, desafiando a mi dolor que se esconde acongojado y tímido.

No; ya no vendrás para arrancar de mi cuerpo la nota lírica y vibrante del espasmo, el sollozo entrecortado del placer.

¡Anuarí, Anuarí! ¡Plenitud de mi alma, emoción sentimiento, causa de mi vida! ¿Podrás comprender la mutilación horrenda de mi ser al irte tan bruscamente y para siempre?

Te haré el sacrificio de mi juventud, como una religiosa a su Dios, y será la mejor ofrenda de amor que pueda hacer a tu recuerdo.

Anuarí...

XXXI

Viniste a mí; yo no te esperaba. No esperaba a la felicidad.

Lo había perdido todo, y todo lo encontré cuando tú me tendiste los brazos.

Tómame, te dije. Seré fiel a tu corazón, y él curará con suavidades arrobadoras las heridas profundas del mío. Viviré de ti; el resplandor de tus ojos será mi luz, esconderme confiadamente en tu pecho será mi dicha; reír, cuando vea que se apartan tus labios, por el éxtasis interior; lloraré cuando tu llores, y te amaré deliciosamente halagada por tu ternura; te amaré con todo el fuego de la eterna enamorada.

XXXII

Mi vida es tuya, porque tú la has salvado para ti.

Me invitaste a mezclarme en la gran sinfonía de la naturaleza, y cuanto ya el alma mía había vuelto a desear el sol, tú te fuiste como una sombra errante hacia la noche traidora.

Anuarí, la divina plegaria del amor vino a golpear mi corazón tan dulcemente como el batir de alas...

Amé el amor con la pasión de una frenética, y me aferré a él, porque hacía largo tiempo que corría desolada en su busca.

XXXIII

Anuarí, Anuarí, ¿por qué te fuiste?

Se retuercen mis manos; blasfeman mis labios, y mis ojos se ponen fijos, fijos como esas estrellas perversas que destruyen el destino de los hombres. La oscura belleza del lírico mal se tiende en velos armoniosos sobre mi frente, bajando hasta mi cuerpo y envolviéndolo como plegadiza alga marina.

Es el mal de la pena, de la negra pena.
Anuarí...

Frente a tu lápida ya el corazón no llora, se hiela como el mármol.

Mis flores se mueren carbonizadas por el sol, como viejecitas que han sufrido mucho.

Solo mi cabeza es torturada cuando se inclina sobre la piedra, buscando ansiosa la caricia fría. Cada día que pasa, es una gota que va horadando el subterráneo de mi dolor.

Cual oscilante llama mi espíritu es juguete del vendaval macabro, que silba amenazante, destructor, en los huecos abandonados de mi cerebro.

Ya no sé vivir, y vivo; y tampoco puedo morir, porque me faltan fuerzas para cerrar los ojos.

XXXIV

Me alejo...
Mi único desconsuelo es no poder llevar con mis propias manos flores a la tumba avara que te guarda.

Antes de irme estamparé un beso en tu frente rígida. Será como un sello de piedra sobre otra piedra.

Me voy huyendo de mí, de mi cobardía y de mis inquietudes.

No puedo morir de dolor y es más fuerte que la misma muerte la tortura moral que revoluciona mi cerebro.

Me voy como aerolito que desprendido de una estrella se precipita en los espacios trágicos de la sangre.

Me voy, para aprender en otras penas a sufrir las mías con más entereza. Me voy, Anuarí, y te juro que hasta este momento he aguardado la resurrección. He espiado tu sueño creyéndolo leve, y huyo ahora que lo sé del mármol, Anuarí. No me importa el mundo ni la mediocre balanza que pesa mis actos; pocas son las almas que han amado, gozado y sufrido como yo.

XXXV

Anuarí. Hasta pronto. Desde aquí mis pensamientos irán a ofrecerse a ti cruzando los mares; desde aquí vigilaré tus restos con el más inmenso y fervoroso recuerdo.

Pronto nos encontraremos, amor mío.

Mi cabeza es un abismo de dolor donde mis pensamientos ruedan, sin detenerse, como ágiles piedras.

Trato de meditar y mis cogitaciones se ahogan y ruedan como cuentas oscuras en el despeñadero de la nada.

Solo existe una verdad tan grande como el sol:
la muerte.

ÍNDICE

Este libro se terminó de editar en Granada
en mayo de 2024 por

www.aversopoesia.com
hola@aversopoesia.com